ANTIQUITÉS.

POTERIE, BRONZES, VERRES, IVOIRES, PIERRES GRAVÉES
ET SCULPTÉES, TERRES CUITES

FIGURINES DE TANAGRA

SARCOPHAGES ÉGYPTIENS

DONT LA VENTE AUX ENCHÈRES PUBLIQUES AURA LIEU

à l'Hôtel Drouot, Salle n° 7, au premier étage

Les Mercredi 1er et Jeudi 2 Avril 1885

à deux heures précises.

COMMISSAIRE-PRISEUR :

M. MAURICE DELESTRE

27, rue Drouot.

EXPERT :

M. HOFFMANN

1, rue du Bac.

EXPOSITION :

Les jours de vente, de une à deux heures.

PARIS — 1885

LES MONNAIES ROYALES

DE FRANCE

DEPUIS HUGUES-CAPET JUSQU'A LOUIS XVI

AVEC INDICATION DE LEUR VALEUR ACTUELLE

Publiées par H. HOFFMANN

Un volume grand in-4°, imprimé sur papier teinté et en caractères
Elzévir, avec 118 planches gravées par L. DARDEL. Prix. br. **150** fr.
Reliure PETIT, les planches montées sur onglets . . . . . . **170 —**

TERRES CUITES D'ASIE MINEURE

PUBLIÉES PAR

W. FRŒHNER

Ancien Conservateur du Louvre

Un volume grand in-4°, avec 40 phototypies en couleur.

Prix : 75 fr.

SOUS PRESSE :

CATALOGUE

DE LA

COLLECTION ERNEST GARIEL

Monnaies Françaises, Royales et Seigneuriales,

DONT LA VENTE SE FERA

Le 27 avril et les jours suivants.

Strasbourg, typ. G. Fischbach. — 885.

CONDITIONS DE LA VENTE

La vente sera faite au comptant.

Les acquéreurs payeront **cinq pour cent** en plus du prix d'adjudication, applicables aux frais.

Les lots pourront être divisés ou réunis au gré de l'expert.

ANTIQUITÉS

CYLINDRES CHALDÉENS, etc.

1 Un homme nu et barbu est agenouillé à g., devant un grand vase, pointu par le bas, muni d'un couvercle conique et installé sur un support. Sous le vase, une situle; autour, plusieurs autres récipients de formes variées. Dans le haut, le soleil, la lune et un vexillum quadrillé. — Jaspe.

2 Deux adorants debout devant une déesse assise et tenant une fleur. Dans le haut, le croissant. Légende cunéiforme en deux lignes. — Hématite.

3 Adorante devant un poteau surmonté d'un croissant. Légende cunéiforme en deux lignes. — Jaspe gris.

4 Deux personnages drapés et affrontés; entre eux une légende de trois lignes. — Jaspe blanc et rouge.

5 Adorant devant un dieu assis à droite. Derrière la divinité, trois personnages, dont un nu et barbu, tenant un sceptre et saisissant les lemnisques de la tiare du dieu. — Jaspe gris.

6 Divinité assise. Derrière elle, un homme debout, tenant un caducée et posant le pied gauche sur un quadrupède. Devant, un homme drapé. Légende en trois lignes. — Hématite.

7 Heabani combattant une bête fauve. Dieu assis sur un quadrupède et recevant les hommages de trois adorants. — Hématite.

8 Isdubar saisissant deux chimères par les cornes. Palmier dans le champ. — Pierre tendre.

9 Adorant devant un dieu assis qui étreint un renard. Légende en trois lignes. Dans le champ, un second renard, une petite figure humaine et un croissant. — Hématite.

10 Homme barbu debout, et légende cunéiforme en six lignes. — Jaspe blanc et rouge.

11 Personnage drapé et ailé, debout devant Isdubar qui prend un bouquetin par les cornes. Entre eux, oiseau perché sur un pliant. Dans le champ, soleil, canne à mesurer et objet ressemblant à un thyrse. — Cornaline.

12 Isdubar étreignant deux chimères. Ses pieds sont posés sur les têtes de deux androsphinx couchés et affrontés. — Hématite.

13 Isdubar combattant une chimère, et Heabani combattant un lion. — Serpentine.

14 Trois adorants devant un dieu assis (à g.) sur une chaise sans dossier. Dans le haut, un croissant. — Jaspe noir.

15 Dieu à genoux sur un quadrupède. Devant lui, Isdubar tuant un monstre ; derrière, dieu ailé tuant un taureau à buste humain. Soleil, croissant et palme dans le champ. — Jaspe noir.

16 Dieu assis (à g.) devant trois adorants, dont l'un apporte un bouquetin, l'autre une situle. — Cristal de roche.

17 Isdubar combattant deux monstres ailés. — Serpentine.

18 Deux petits cylindres en hématite.

19 Un dieu assis et tenant un gobelet, est entouré de quatre adorants, dont un enfant, qui viennent lui apporter des présents. — Lapis lazuli. — *Planche* 1, n. 1.

20 Roi assis sur un chameau (à g.) et combattant un lion. — Sapphirine.

21 Le dieu Reseph, coiffé d'un bonnet pointu, armé d'une massue et d'un bouclier, frappe par derrière un personnage à tête de chien (?), debout devant le dieu Thoth à tête d'ibis. Légende cunéiforme en quatre lignes : *Addumu, homme de la ville forte de Sidon. Cachet personnel.* — Lapis lazuli de Perse. — *Planche* 1, n. 2.

22 Les dieux Thoth à tête d'ibis [Horus] à tête d'épervier et Reseph à g. Légende cunéiforme en trois lignes : *Amaipi, fils d'Addum, le Sidonien.* — Lapis lazuli de Perse. — *Planche* I. n. 3.

> Ces deux cylindres ont été traduits et publiés par M. Jules Oppert dans les *Comptes-rendus de l'Académie des Inscriptions* 1883, p. 180-181, « Nous voyons, disait le savant assyriologue, « dans ces cachets un exemple, sans analogie jusqu'ici, de « Phéniciens écrivant leurs noms en cunéiforme. Ce qui ajoute « à leur intérêt, c'est qu'ils appartiennent à une seule famille : « l'un a été la propriété du père et l'autre du fils ».

23 L'Hercule phénicien de face, portant une coiffure composée de deux lions assis, et tenant dans chaque main un lion mort. A sa droite, bouquetin devant une barque dans laquelle on voit un homme à tête de lion, levant les bras et tenant une guirlande. Plus loin, une seconde barque, chargée de vases et d'une tête de lion à cornes de bouquetin, surmontées d'un aigle. — Grand cylindre non perforé, en serpentine. H 0,016. D 0,014.

24 Cylindre à pans coupés, orné de symboles. — Serpentine.

25 Plaque carrée, avec dessin gravé à la pointe, de style très primitif. Dieu à tête de lion, les bras levés symétriquement : de chaque côté un quadrupède. ℞ Légende cunéiforme en quatre lignes. — Jaspe verdâtre.

26 Sceau sasanide en aigue marine. Boeuf bossu à g. et légende pehlvie.

SCARABÉOIDES

27 Homme conduisant trois boeufs. Pierre lenticulaire d'une des îles de l'Archipel. — Jaspe rouge. — *Planche* I. n. 4.

28 Chimère de l'ancien style : devant, une palmette. — Sardoine brune (Constantinople).

29 Lion dévorant une cuisse de cerf. — Chalcédoine (Grèce).

30 Le dieu Bes, de face, debout sur une tortue et tenant dans chaque main un lion. — Chalcédoine.

31 Cheval au galop. — Chalcédoine.

32 Lion couché de l'ancien style, vu d'en haut. Bordure de stries. — Chalcédoine. — *Planche* I. n. 5.

33 Légende phénicienne en deux lignes. — Chalcédoine.

SCARABÉES

34 Coiffure égyptienne (disque orné de deux plumes et de deux aspics). — Hématite.

35 Ganymède nu, un genou en terre ; sur son bras gauche avancé, un coq. — Cornaline.

36 Hercule agenouillé sur le dos du taureau de Crète et le saisissant par une corne. Dans le champ, une massue. — Cornaline. — *Planche* I, n. 6.

37 Hercule domptant une des cavales de Diomède ; massue dans le champ. — Cornaline (cassure). — Pl. I, n. 7.

38 Dieu ailé combattant un quadrupède ailé. — Pierre verte de Sardaigne.

39 Triton sur les flots de la mer. — Cornaline. — Pl. I, n. 8.

40 Mercure étrusque, portant un caducée et un cerf. Harpyie d'ancien style, en relief, sur le dos du scarabée. — Cornaline. — Pl. I, n. 9.

41 Chasseur nu, armé d'un javelot et tuant un quadrupède. — Cornaline. — Pl. I, n. 10.

42 Guerrier nu, armé d'un bouclier et soulevant un casque. — Cornaline.

43 Guerrier nu, armé d'un glaive et combattant un lion, dont la tête seule est visible. — Cornaline. — Pl. I, n. 11.

44 Capanée nu (légende étrusque : *Capne*), le genou droit en terre. — Cornaline. — Pl. I, n. 12.

45 Mercure tenant le caducée et s'appuyant sur une colonnette. — Scarabée scié, en cornaline.

PIERRES GRAVÉES ET CAMÉES

46 Tête de femme, coiffée d'une opisthosphendoné. — Sardonyx à trois couches.

47 Protome de taureau. — Chalcédoine, trouvée près d'Orbetello. — *Planche* I, n. 13.

48 Cheval au trot, à gauche. — Agate noire (Naples) — Pl. I, n. 14.

49 Cheval vainqueur dans une course, buvant dans un bassin près
d'un Terme barbu. SVAVIS. — Cornaline. — Pl. I, n. 15.

50 Deux bœufs au pâturage. — Cornaline. — Pl. I, n. 16.

51 Victoire sacrifiant sur un autel devant une statue d'ancien style. —
Cornaline. — Pl. I, n. 17.

52 Neptune à genoux, tenant un trident et une rame. — Cornaline.
— Pl. I, n. 18.

53 Buste de femme nue, coiffée d'une capeline. — Cornaline (Syrie).
— Pl. I, n. 19.

54 Buste d'Apollon lauré et tenant une lyre. — Cornaline. — Pl. I,
n. 20.

55 Guerrier barbu consultant l'oracle d'Apollon; devant lui, une
colonne surmontée d'un corbeau et enlacée d'un serpent. —
Cornaline. — Pl. I, n. 21.

56 Homme barbu et femme, adorant une idole d'ancien style. —
Agate rubanée. Style étrusque. — Pl. I, n. 22.

57 Égyptien assis et tenant un sistre, dans le champ, un vase et une
syrinx. — Sardonyx. — Pl. I, n. 23.

58 Buste drapé de Sabine. — Jaspe rouge, trouvé à Rome. Travail et
conservation admirables. — Pl. I, n. 24.

59 Amour assis sur un cygne et déployant son écharpe. — Grenat.

60 Deux chasseurs étrusques, debout et affrontés, dépeçant un ani-
mal. — Cornaline (fruste).

61 Mercure nu, à g., tenant un caducée et aidant un mort à sortir
des enfers. Légende TPIΣ. — Cornaline. — Pl. I, n. 26.

62 Satyre dansant, vêtu d'une pardalide et portant un thyrse. —
Grenat.

63 Pierre magique oblongue et courbe; Vénus Anadyomène entre
Isis ailée, Horus enfant et une déesse tenant une corne
d'abondance. Légendes en bordure. — Pl. I, n. 25.

64 Fragment de crucifix byzantin, en pierre verte tendre. D'un côté,
le Christ en croix, barbu et nimbé; de l'autre la Sainte Vierge
drapée debout. Légendes sur les deux faces et sur les
tranches.

65 Guerrier grec, à gauche, armé d'une lance et d'un bouclier rond (*épisème*: tête de Méduse), le bras droit levé. — Fragment de camée en sardonyx à quatre couches.

66 Masque de *Luna* au-dessus d'un croissant. — Camée en onyx à deux couches.

67 Petit Amour ailé, un et accroupi de face, tenant deux coqs de combat. — Camée en onyx à deux couches. Monture moderne en or.

68 Buste de vieillard chauve et barbu, à g., ayant une certaine ressemblance avec le portrait d'Hérodote tel qu'il figure sur une monnaie d'Halicarnasse. — Sardonyx à deux couches.

69 Tête laurée d'Apollon à gauche, du beau style grec. — Camée découpé, en cornaline.

INTAILLES ET CAMÉES EN PATE VITREUSE

70 Deux guerriers montant la garde à la porte d'une forteresse. Intaille. — Pâte bleue.

71 Tête d'enfant. Camée de forte saillie. — Pâte imitant le sardonyx.

72 Soldat armé d'un bouclier rond et emmenant un camarade blessé qui s'appuie sur sa lance. — Camée: imitation du sardonyx.

73 Bacchante en extase. — Grand camée, brisé en deux morceaux. Blanc sur bleu.

74 Achille et Troïlos. — Beau style grec. Camée ovale; blanc sur brun foncé.

75 Bague égyptienne en pâte bleue; sur le chaton, hiéroglyphes en creux.

VERRERIE ANTIQUE

76 Paon: petit médaillon en verre blanc.

77 Fragment de dallage en pâte vert olive (Tarse).

78 Sept fragments de vases, dont deux portant des anneaux en relief, un en pâte blanche doublée de bleu, les autres en pâte bleue doublée de blanc (pampres, feuilles et fruits de lierre, buste de danseuse égyptienne jouant du tambourin).

79 Deux fragments de vases multicolores.

80 Fragment d'une plaque carrée bleue à relief en mosaïque (talon de chaussure orné de feuilles et de rosaces en blanc et en jaune sur fond bleu).

81 Fragment d'une plaque en verre translucide incrustée de rubans, de feuilles et de rosaces en pâtes multicolores. — Extrêmement rare.

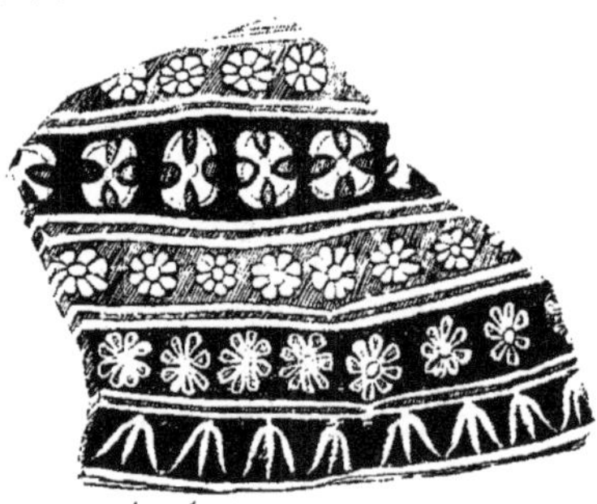
N° 85

82 Fragment d'une plaque de revêtement en verre polychrome.

83 Autre, de forme oblongue. Fleurons en jaune, blanc, rouge et bleu sur fond bleu de roi.

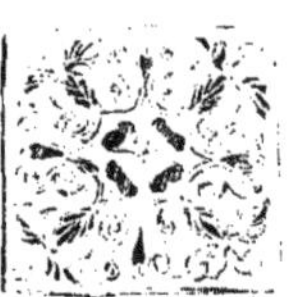
N° 87

84 Même genre. Fleurons en jaune et en rouge sur fond bleu foncé.

85 Autre. Cinq rubans juxtaposés, ornés de rosaces et de fleurons en pâtes multicolores. *Voir la vignette.*

86 Quatre fragments de plaques en verre mosaïque.

87 Carré de verre mosaïque, complet, représentant un fleuron en fils jaunes, rouges et blancs sur fond bleu, d'une extrême finesse. *Voir la vignette.*

88 Fragment de verre chrétien, portant les lettres TE en or sur fond
bleu.

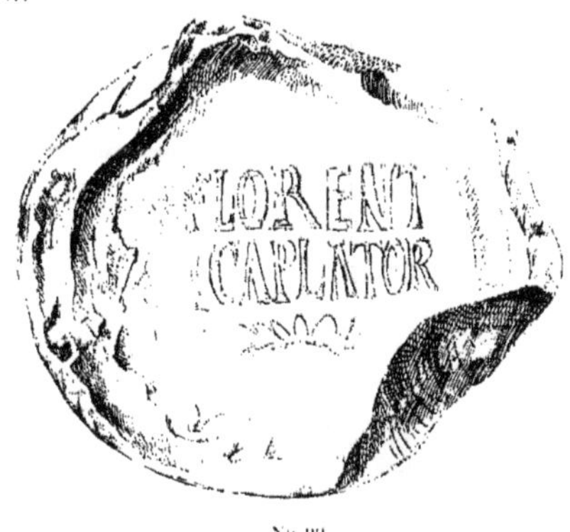

N° 90

89 Autre, en pâte blanche translucide, le dessin doré et pris dans
l'épaisseur du verre. Sujet: Sainte Anne orante, de face,
drapée et parée de bijoux. ANN[A].

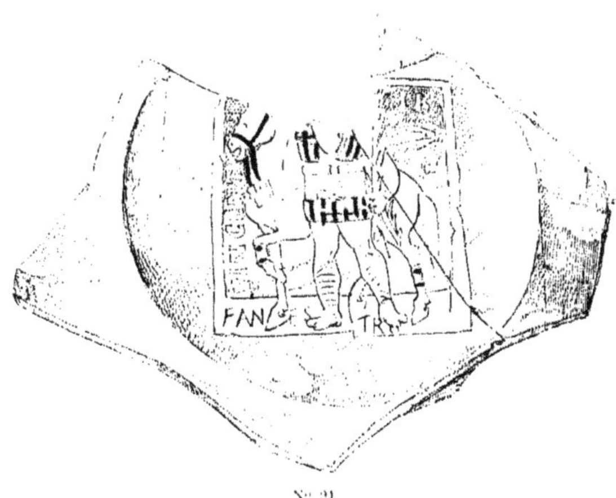

N° 91

90 Fond de coupe du même genre. Légende en lettres d'or dans
l'épaisseur du verre: FLORENTI CAPLATOR. *Voir la vignette.*

91 Fond de coupe chrétienne à sujet doré et polychrome. Dans une
   bordure carrée, aurige de face (sa tête manque) conduisant
   son cheval victorieux. La tunique de l'aurige est en émail
   bleu et rouge, la bride du cheval en émail rouge. VIN-
   CENT[I N]IKA en lettres d'or. FANESTRO en graffite. —
   Brisé en deux morceaux. — Très rare. — *Voir la vignette
   à la page précédente.*

92 Fibule en bronze émaillé, ornée de rosaces bleues sur fond blanc.

93 Superbe fibule en bronze orné d'émaux cloisonnés. Tête de femme
   diadémée, de face, de l'époque des mosaïques de Ravenne
   (VI* siècle). — Rare et importante. — *Voir la vignette*

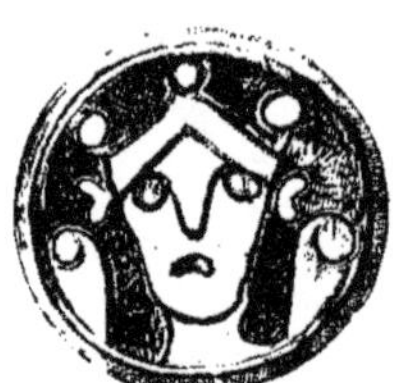

N° 93

94 Flacon à long col (brisé), en verre blanc. Dessous, la marque de
   verrier : PATRIMONI, en légende circulaire. — Voir
   Frœhner, *Nomenclature des verriers*, n° 21-23. [*Patrimo-
   nius* doit être un nom propre, bien qu'on n'en connaisse pas
   d'exemple certain].

95 Fragment de coupe en verre blanc, à parois épaisses, ornées de
   cannelures en spirale. Pied formé de denticules. Irisation
   nacrée.

96 Fond de flacon rectangulaire, orné d'un disque dans une bordure
   carrée. Irisation vert et or.

97 Flacon piriforme en verre violacé.

98 Flacon pointu par le bas, en pâte vert de mer, avec irisation bleu
   et or. Goulot brisé.

99 Petite gourde égyptienne en pâte bleuâtre jouant sur le gris.
   Panse lenticulaire à tranche garnie d'un cordon jaune et bleu.
   Deux oreillettes ; collier en fil jaune ; au centre, sur chaque
   face, un petit disque jaune. — Très rare.

100 Petite œnochoé sans anse, en pâte bleu clair, avec collerette
blanche, l'orifice comprimé. Trouvée à Cologne.

101 Verre à boire, en pâte verdâtre. Parois épaisses, collerette gravée
à la meule.

BRONZES

102 Chaton de bague chrétienne, de forme oblongue : Chrisme,
colombe, croissant et soleil.

103 Jeune cavalier nu, marchant à côté de son cheval et portant un
casque à cimier. Applique étrusque découpée. — Patine
verte.

104 Coq à tête humaine grotesque, avec oreilles de chèvre. —
Poignée de couvercle. Patine verte.

ORFÈVRERIE

105 Jolie bague d'or. Le chaton a la forme d'une petite amphore
pointue par le bas et incrustée d'un grenat en cabochon.

106 Chaîne brisée, composée de quinze rectangles ajourés et reliés
au moyen de fils d'or.

107 Très belle chaîne en or et en pâtes vitreuses. Fil tressé ; de
distance en distance une perle prise entre deux annelets.
Fermoir orné de deux dauphins, aux yeux incrustés de pâtes
blanches.

108 Deux épingles en ivoire revêtu d'une feuille d'or.

MÉDAILLES

109 Grand Bronze de Marc-Aurèle, frappé à Parium de Mysie. $\mathbb{R}$
Cavalier galopant à dr. CGIHPAR.

110 Quinaire de Gallien, en billon. $\mathbb{R}$ PAX AVG. — Tessère de Do-
mitien : tête casquée. $\mathbb{R}$ effacé.

111 Contorniate. Buste de Trajan. $\mathbb{R}$ Dieu ou héros nu, debout devant une femme assise. Derrière lui une figurine visible
jusqu'à mi-corps. Sabatier, pl. XIX, 9.

112 Autre. Buste de Trajan ; devant, un chiffre incrusté d'argent. ℞ Éphèbe victorieux tenant une couronne ; de chaque côté, une figure drapée. FILINVS. Sabatier, pl. X, 3.

PIERRE TENDRE ET ALBATRE

113 Tête de Mercure d'ancien style grec. Cheveux frisés en bouclettes, entourés d'une ténie et étagés au-dessus du front ; barbe longue et quadrangulaire. — Fragment de Terme. Pierre verte tendre.

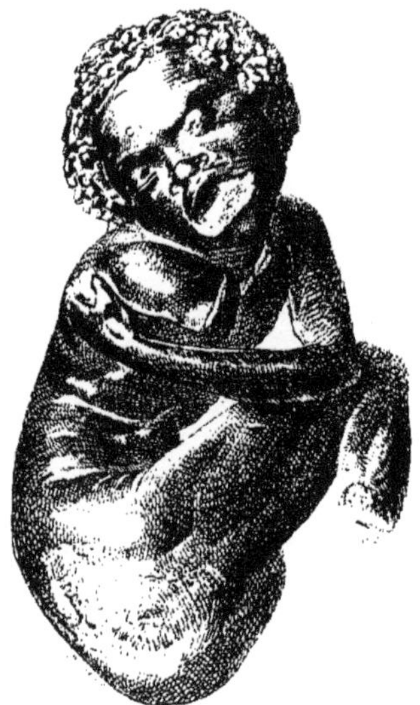

N 114

114 Négrillon accroupi, pleurant et se tordant de douleur. Il est représenté au moment où son maître le fouette. Sa main gauche se porte vivement sur l'épaule qui reçoit les coups, en même temps que sa tête s'incline et que sa bouche s'ouvre toute grande. Cette figurine, en pierre noire tendre, tachée de vert, est un chef-d'œuvre de sculpture grecque. Elle aura été faite à Alexandrie, sous un des premiers

Ptolémées. Malheureusement, le bras droit, le pied droit
et la jambe gauche sont perdus. Sur le front, on distingue
les restes d'un graffite latin en deux lignes. — H 0,088. —
Voir la vignette.

115 Grand vase égyptien en albâtre miellé, trouvé à Rome. Panse
bursiforme, orifice à rebord, deux appendices simulant les
anses. — H 0,48.

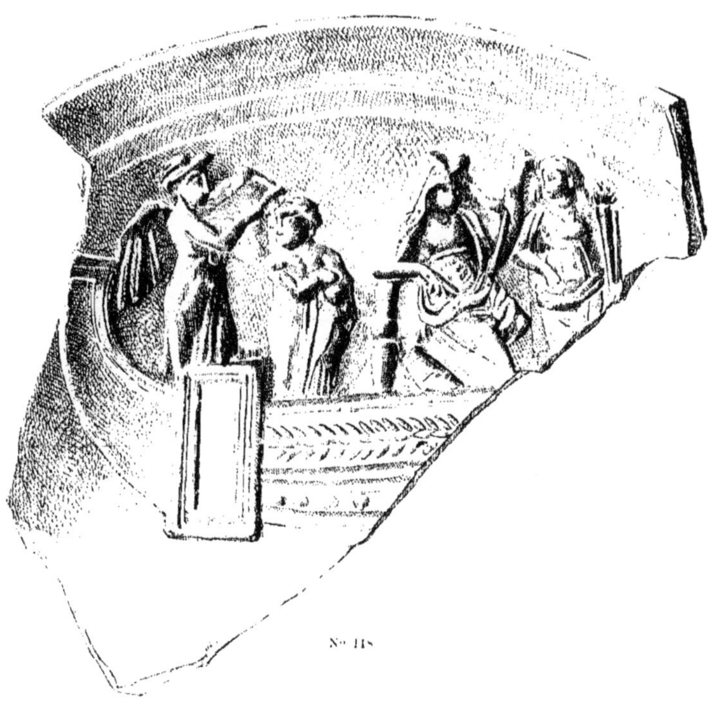

TERRES CUITES

116 Tessère grecque représentant une tête casquée de Minerve, de
face. Le casque, aux couvre-joues relevés, est orné de trois
panaches. — Très belle épreuve.

117 Trois fragments de poterie, à reliefs.

118 Fragment de coupe en terre rouge (d'Égypte) non vernissée, représentant une barque, dans laquelle on voit Cérès assise, Proserpine tenant un flambeau, et la Victoire couronnant une figure drapée. — *Voir la vignette à la page précédente.*

119 Barque chypriote en terre blanche.

120 Une collection de onze moules de figurines, d'un petit bas-relief et d'un groupe, trouvés à Tarente. Ces moules sont du plus beau style, et au revers de l'un d'eux on lit l'inscription fruste : ....XAMYE.

DEUXIEME COLLECTION

PIERRE

121 Couteaux en obsidienne trouvés en Syrie.

122 Petit outil en hématite. Même provenance.

123 Très beau balsamaire phénicien en albâtre. Trouvé à Sayda.

124 Tête de Diane chasseresse, trouvée à Tyr. Marbre blanc.

POTERIE

125 Trois anses d'amphore à légendes grecques, dont deux avec la rose de Rhodes.

126 Lampe montée sur une jambe humaine dont le genou est façonné en masque de déesse diadémée. Sur le bord supérieur, un masque de Pan et quatre grappes de raisin. Vernis brun.

127 Flacon en forme de figurine : le dieu Bès assis sur un cheval accroupi. Vernis brun. Basse-Égypte.

128 Flacon en forme d'écureuil mangeant un fruit. Vernis noir. Basse-Égypte.

129 Lampe ornée d'un masque de Méduse. Vernis noir.

130 Lampe ornée d'une tête de Satyre, de deux Amours ailés et d'une couronne de feuilles. Au revers, une rosace. — Syrie.

131 Lampe à cinq mèches. Terre grise. — Syrie.

132 Quatre lampes érotiques.

133 Grand lécythe à panse globulaire, de fabrique corinthienne. Sur le devant, un oiseau éployé à tête de femme, peint en noir sur terre blanche.

VERRERIE

134 Flacon piriforme à long col, en pâte verdâtre. Fabrique phénicienne.

135 Six flacons de forme analogue, en verre blanc.

136 Flacon pomiforme à long col.

137 Flacon cylindrique, cerclé de fils.

138 Verre à boire ; cylindre s'évasant légèrement vers le haut. Époque franque.

139 Verre à boire à panse conique et côtelée.

140 Lécythe avec rebord, collerette et anse cannelée. Très beau.

141 Lécythe en forme de cylindre entouré de huit cercles et muni d'une anse. Trouvé à Cologne.

142 Verre en forme de barillet cerclé de fils. Anse latérale. Pâte vert de mer.

143 Petit flacon en verre jaune d'ambre. Irisation argentée.

144 Deux petits verres à boire, avec collerette. — Syrie.

145 Petite amphore en verre blanc. Forme très rare. — Syrie.

146 Deux flacons à goulot très large. — Syrie.

147 Autre à goulot cylindrique.

148 Lécythe à panse cannelée. Forme rare. — Syrie.

149 Flacon piriforme. Belle irisation nacrée.

150 Flacon jaune d'ambre en forme de datte. Trouvé à Aradus.

151 Autre, un peu plus grand et de conservation superbe.

152 Amphorisque en pâte noire avec décor géométrique jaune et
bleu.

153 Autre; même décor.

154 Flacon en pâte verte translucide. Décor géométrique en fils
blancs.

155 Trois petits bracelets en pâte jaune, vert pâle et orange, trouvés
en Syrie.

156 Grande tessère à légende arabe. Pâte verte.

157 Trois pâtes de verre représentant l'une un masque, l'autre le
chrisme chrétien entouré de lettres grecques, la troisième le
monogramme chrétien accosté de A et ω.

BIJOUX

158 Pendant d'oreille en or, façonné en croix avec trois pendentifs
ornés de perles et de pâtes de verre. — Syrie.

159 Deux boucles d'oreilles. Or.

160 Petite tête de nègre en sardoine. — Tête de chien et trois petites
pierres gravées.

161 Six scarabées égyptiens en terre émaillée.

162 Deux cylindres.

163 Trois pendentifs dont un en pierre tendre et orné d'une tête
barbare.

164 Disque en argent doré représentant une rosace entourée de ca-
nards. Étrusque.

165 Bague en argent représentant la guivre couronnée des Visconti,
ducs de Milan.

166 Deux bagues en argent niellé et une autre du Moyen-Age.

167 Bague antique en argent représentant une femme devant un
thymiatérion. Bordure d'or.

168 Petite bague d'argent portant un monogramme byzantin.

169 Grande bague en argent plein, façonnée en deux têtes de serpent.

170 Six bagues d'argent de la Renaissance et des temps modernes.

IVOIRE

171 Plaquette de coffret, représentant une femme drapée s'appuyant
    sur une rame.

172 Boîte cylindrique avec son couvercle. — Syrie.

173 Autre s'évasant vers le bas : le couvercle surmonté d'un bouton
    façonné.

174 Manche de couteau en forme de gladiateur.

175 Petit chapiteau corinthien.

176 Épingle couronnée d'une pomme de pin. — Tête d'épingle en
    forme de buste imberbe.

177 Enfant nu se dirigeant vers la droite et regardant en arrière.
    Montant de lit.

178 Bacchante drapée et tenant un thyrse ; le haut du corps brisé.

179 Enfant nu à gauche portant une massue.

180 Autre, tenant un plateau rempli de fruits.

181 Autre, dansant.

182 Bacchus enfant vêtu d'une nébride chaussé de brodequins et
    tenant un thyrse.

BRONZES, PLOMBS, etc.

183 Petit taureau. Figurine en bronze.

184 Clef surmontée d'un buste d'enfant.

185 Quatre autres clefs. Manches en formes d'anneaux et de peltes ;
    pannetons de formes variées.

186 Hachette gauloise creuse.

187 Petite tête laurée d'Apollon. Fragment de figurine du beau
    style.

188 Tête imberbe ; lame de bronze découpée.

189 Fragment d'une couronne de laurier. Bronze trouvé à Rome.

190 Fibule en forme d'S.

191 Autre, en forme de disque émaillé.

192 Deux bagues en bronze avec légendes grecques.

193 Petit sceau chrétien.

194 Un lot de monnaies grecques, argent et cuivre, trouvées en Syrie.

195 Figurine en plomb. — Syrie.

196 Vase en plomb : même provenance.

197 Quatre poids grecs en plomb, avec légendes et graffites.

198 Sceau et deux bulles byzantines en plomb.

TERRES CUITES

199 Trois statuettes funéraires égyptiennes couvertes d'hiéroglyphes. Terre émaillée bleue et verte.

200 Partie supérieure d'un homme barbu et couché à la manière des convives. Applique d'ancien style avec peinture rouge. — Tarente.

201 Tête d'une divinité d'ancien style : kalathos élevé ; barbe cunéiforme. — Tarente.

202 Tête d'homme barbu : diadème orné de rosaces. — Tarente.

203 Tête semblable : au-dessus du diadème, une couronne de fleurs et une palmette. — Tarente.

204 Tête de jeune femme, les cheveux cachés sous un tissu. — Tarente.

205 Autre, diadémée et parée de rosaces, d'une couronne de fleurs et d'une palmette. — Tarente. Deux exemplaires.

206 Tête de jeune homme. — Tarente.

207 Tête de femme parée de boucles d'oreilles. — Tarente.

208 Tête d'un dieu d'ancien style, diadémée et coiffée d'une couronne de fleurs.

209 Tête de Minerve coiffée d'un casque corinthien. Beau style grec. — Tarente.

210 Tête de femme avec diadème, double couronne de fleurs à lemnisques et à rosaces. — Tarente.

211 Tête de Koré coiffée d'un kalathos. Applique du beau style. — Éphèse.

212 Tête de nègre. — Éphèse.

213 Tête d'un personnage romain du premier siècle de notre ère ;
modelé très fin. — Éphèse.

214 Tête de satyre. Fragment de figurine ; même provenance.

215 Deux petites têtes d'éphèbe.

216 Tête de Bacchante couronnée de lierre et de corymbes.

217 Autre, avec bandeau doré.

218 Tête de Vénus.

219 Autre, les cheveux noués en corymbe.

220 Une collection de petites têtes de femmes et d'enfants du beau
style. Même provenance.

221 Enfant nu, coiffé d'un pilos et assis à cheval sur une oie. —
Tanagra.

222 Enfant nu et diadémé s'appuyant sur un rocher ; il a les jambes
croisées et porte sa chlamyde enroulée autour du bras
gauche. — Tanagra.

223 Enfant nu et accroupi, coiffé d'une couronne de fleurs et tenant
dans ses bras un grand coq de combat ; peinture rouge. —
Tanagra.

224 Jeune Tanagréenne vêtue d'une tunique longue et d'un manteau
qui recouvre ses deux bras. Cheveux roux.

225 Autre, se dirigeant vivement vers la gauche ; même costume,
cheveux nattés et peints en rouge.

226 Vénus diadémée debout, tenant un miroir dans la main gauche et
levant le bras droit pour achever sa toilette ; la draperie ne
recouvre que la jambe droite. Base circulaire. H 0,35.

227 Jeune femme drapée, appuyée sur une colonnette et tenant
dans la main gauche une balle dorée. Elle est chaussée de
souliers rouges, vêtue d'une tunique rose et d'un himation
bleu et or. Son pied droit repose sur la base de la colonne.
— Ton de chair, cheveux et lèvres rouges, prunelles mar-
quées au pinceau. — Tanagra. H 0,265. *Voir la phototypie.*

228 Jeune Tanagréenne debout, vêtue d'une longue tunique plissée et
d'un himation bleu qui fait office de voile et que la main
droite retient sur la poitrine. La main gauche soulève le pan

du manteau et tient un éventail bleu en forme de feuille. — Très beau style. H 0,28.

229 Jeune femme assise à gauche sur un rocher et jouant avec une colombe perchée sur son épaule droite : la tunique laisse les bras à découvert ; l'himation peint en rose enveloppe le dos et le bas du corps. — Ton de chair, cheveux roux. — Très beau style. Tanagra. *Voir la phototypie.* H 0,215.

230 Vénus anadyomène nue, agenouillée dans une coquille entr'ouverte et se regardant dans un miroir. Elle est diadémée, parée de boucles d'oreilles et d'un ruban bleu qui retombe sur les épaules, et sa main droite levée tient une boule de fard. Base arrondie et couverte d'écailles. Ton de chair, cheveux roux. — Tanagra. — Très beau style. H 0,18. *Voir la phototypie*

231 Vénus nue et diadémée, debout dans l'attitude de la Vénus de Médicis. Figurine trouvée en Syrie

232 Taureau paré de bandelettes. — Syrie.

233 Colombe : une belière sur le dos. — Syrie.

234 Figurine grotesque coiffée d'un bonnet asiatique. — Syrie.

235 Deux jambes votives, vêtues de pantalons.

236 Deux fragments de figurines de style phénicien : guerrier casqué et joueur de flûte portant la phorbeia.

237 Une petite collection de têtes en terre cuite trouvées en Syrie.

238 Tuile et anse d'amphore avec timbres grecs.

ANTIQUITÉS CHYPRIOTES

PREMIER ENVOI

239 Diadème funéraire en or. Décors géométriques au pointillé. Brisé deux morceaux.

240 Miroir. Disque de bronze orné de cercles concentriques en creux. Un morceau de toile est resté adhérent à la face unie. D 0,21.

241 Miroir muni d'un rebord et décoré de cercles en relief. D 0,145.

242 Groupe de quatre chevaux en pierre calcaire. Têtes brisées.

243 Balsamaire égyptien en terre émaillée verte. Rebord godronné. Anse plate et amortie par une palmette.

244 Fusaïole en terre cuite de style très-ancien. Décors géométriques au trait.

245 Petit plateau en terre blanche avec décors géométriques peints en noir. Quatre colombes assises sur le rebord. Fruste.

246 Flacon en verre blanc. Panse ornée de côtes.

247 Petit verre à boire s'évasant vers le bas.

248 Flacon pomiforme à long col. Irisation nacrée.

249 Autre, piriforme. Même irisation.

250 Autre, plus petit.

251 Petit flacon avec patine dorée; le haut de la panse entaillé.

252 Carton contenant des objets en bronze : une coupe fruste, deux bracelets, et quelques fragments de figurines en terre cuite.

253 Carton contenant quinze lampes en terre cuite : bige à droite avec son conducteur, Sirène, colombe sur un rameau, cerf courant, aigle, bélier couché et faon, couronne de chêne, armes de gladiateur.

254 Carton contenant dix poteries de style phénicien ornées de dessins géométriques noirs et rouges sur terre blanche.

255 Carton contenant deux poteries de même style et un vase orné
d'une branche de lierre peinte, avec anse en torsade.

256 Carton contenant sept poteries, la plupart non vernissées et d'ancien style.

257 Verrerie antique. Carton contenant trois flacons campaniformes
à long col, un flacon à panse aplatie, un flacon à panse pomiforme, etc.

258 Verrerie. Carton contenant un flacon piriforme à long col en
pâte vert de mer et à parois très épaisses (ancien style phénicien). — Six flacons en verre blanc.

259 Verrerie. Carton contenant six flacons à long col et deux petits-
flacons piriformes en verre blanc.

260 Verrerie. Carton contenant une jolie patère en pâte violacée
(fruste), une coupe, un verre à boire se rétrécissant vers
l'orifice, et trois flacons à long col.

261 Verrerie. Carton contenant un flacon carré (fruste), à anse plate,
et quatre flacons à long col, dont un à panse aplatie.

262 Verrerie. Carton contenant cinq flacons à long col, dont un à
panse campaniforme.

263 Verrerie. Carton contenant quatre verres à boire, trois petits
flacons dont un à anse, et une perle de verre.

264 Verrerie. Carton contenant un grand flacon à panse pomiforme,
deux de dimensions plus petites, etc.

265 Verrerie. Carton contenant quatre grands flacons à long col,
neuf petits de formes variées, etc.

266 Verrerie. Carton contenant deux flacons en verre blanc, etc.

DEUXIÈME ENVOI

267 Flacons à long col, de formes variées. Cent quarante et une
pièces. Ce lot sera divisé.

268 Flacons à long col, variés de dimensions. Plusieurs formes rares.
Cent cinquante-cinq pièces. Ce lot sera divisé.

269 Flacons à long col. Formes et dimensions variées. Cent trente-
cinq pièces. Ce lot sera divisé.

270 Coupe en verre blanc avec patine noire.

271 Autre, plus petite, avec patine blanche.

272 Petite patère à ombilic.

273 Verre à boire se rétrécissant vers le haut. Irisation nacrée.

274 Trois autres de la même forme.

275 Deux petits verres à boire, avec collerette.

276 Flacon à anse plate en pâte bleuâtre.

277 Verre à boire, à panse renflée.

278 Flacon pomiforme avec double collerette.

279 Verre à boire, à sept dépressions. Parois très légères.

280 Flacon piriforme avec son anse.

281 Petit flacon carré, muni d'une anse.

282 Verre à boire en forme de coupe.

283 Deux autres, à panse cylindrique.

284 Flacon hexagonal à anse plate.

285 Verre à boire, à parois minces avec quatre dépressions.

286 Verre piriforme avec collerette et couvercle.

287 Petit flacon pomiforme avec son anse.

288 Guttus à long col.

289 Verre à boire pomiforme.

290 Flacon cerclé de fils, le goulot en entonnoir.

291 Grand flacon à panse sphéroïdale. Anse plate à nervures.

292 Flacon en forme de pomme de coing. Anse à nervures. Irisation
    bleue.

293 Verre à boire, orné d'une collerette.

294 Autre ; panse à quatre compressions avec collerette et cou-
    vercle.

295 Petite coupe.

296 Verre à boire cylindrique.

297 Grand flacon pomiforme sans anse.

298 Verre à boire se rétrécissant vers la base ; cercles gravés à la
    meule.

299 Flacon à long col et à panse aplatie, rempli d'huile.

300 Deux petits vases à rebord, sans anses.

301 Charmant petit vase en pâte blanche opaque avec son anse.

302 Cinq petits vases de formes variées ; jouets d'enfants.

303 Magnifique lécythe à panse piriforme en pâte jaune d'ambre.
    Goulot planté sur un anneau et muni d'un rebord.

304 Balsamaire d'ancien style, en pâte blanche opaque. Décors géo-
    métriques bruns.

305 Douze couvercles.

306 Verre à boire oviforme avec cercles gravés à la meule.

307 Quatre autres, se rétrécissant vers le haut.

308 Flacon à panse pomiforme.

309 Coupe avec rebord et collerette

310 Petit flacon pomiforme en pâte bleu de roi.

311 Deux petits flacons à anses plates.

312 Verre à boire, à panse comprimée.

313 Huit vases en poterie, en partie d'ancien style phénicien.

314 Un petit vase en terre rouge. Décor pointillé en relief.

315 Sept lampes en terre.

316 Trois diadèmes funéraires en or, dont un orné de pointillés et un
    autre portant des feuilles d'arbre estampées.

317 Une bague d'or creuse dont la pierre est perdue.

318 Deux pendants d'oreilles en or dépareillés, en forme de crois-
    sant.

319 Une paire de boucles d'oreilles d'enfant, de style phénicien, ter-
    minées en têtes de chimère.

320 Trois pendants du même style, dépareillés : têtes de lion et de
    bouquetin.

321 Pendant d'oreille en forme de rosace ornée de deux perles.

322 Pendants d'oreilles dépareillés. Dix-sept pièces.

323 Paire de boucles d'oreilles d'enfant, incrustées de grenats.

324 Deux paires de bracelets en argent.

325 Une épingle à cheveux, en argent.

326 Pendants d'oreilles, en torsade. Argent.

327 Rosaces en argent, provenant d'un diadème.

328 Scarabée égyptien en terre émaillée blanche.

329 Grenat, agate et deux pâtes de verre.

330 Petit buste d'enfant, orné de points clos. Bois sculpté.

331 Une petite collection de perles de verre, d'ambre, etc.

332 Une réunion de perles d'argent, de cornaline et de pâtes de verre.

333 Deux épingles en os.

334 Deux fusaïoles en terre cuite.

335 Petit creuset en pierre calcaire avec trois appendices.

336 Sceau phénicien quadrilatère portant des gravures sur cinq faces : 1º Divinité devant un palmier; 2º Scorpion; 3º Dieu combattant un monstre ailé; 4º Dieu égyptien coiffé du pschent et tenant un rameau ; 5º Antilope et trois arbres. — Basalte noir.

337 Figurine de Centaure portant un petit taureau sous son bras gauche. Terre cuite phénicienne très curieuse, avec décors géométriques peints en noir et en rouge.

338 Joueuse de lyre (trigonon). Figurine en terre cuite.

339 Petite coupe en terre émaillée bleu turquoise.

340 Lampe en terre cuite, représentant deux gladiateurs combattant. Au revers le nom du fabricant. *Platon*.

341 Autre. Sujet : homme et femme assis sur un cheval qui galope vers la gauche ; dans le bas une figure couchée.

342 Vingt et une lampes à sujets variés (Toilette de Vénus, Léda et le cygne, gladiateur, croissant et étoiles, etc).

343 Une collection de poteries d'ancien style chypriote , la plupart en terre rouge.

344 Petit candélabre portant sur trois pieds recourbés. Bronze.

345 Patère en bronze.

346 Miroir : le revers orné de cercles concentriques. Bronze.

347 Collection de miroirs et d'outils en bronze et en fer.

348 Balsamaire bursiforme en albâtre, avec rebord et deux petits appendices simulant les anses. Ancien style.

349 Autre de forme allongée.

350 Petit récipient s'évasant vers le haut et fixé sur une patère Terre cuite rouge pâle.

351 Lécythe piriforme en terre rouge.

352 Lampadaire. Patère munie de deux crochets; tige simple; trois pieds de taureau et trois feuilles de lierre (dont une perdue) dans les intervalles. H 1,03.

353 Deux amphores portant sur leurs anses un timbre de magistrat et une estampille de potier grec.

354 Une collection de vases en poterie.

TROISIÈME ENVOI

355 Tête d'homme imberbe, provenant d'un grand bas-relief funéraire. Pierre calcaire trouvée près de Skiroditia.

356 Statuette de Vénus chypriote, trouvée à Dali. Double chiton laissant le sein gauche à découvert. Diadème, boucles d'oreilles et bracelets, cheveux bouclés retombant sur les épaules. La main gauche tient une fleur. Pierre calcaire.

357 Tête de Vénus chypriote avec pendants d'oreilles et diadème orné de palmettes. Calcaire.

358 Autre; le diadème en forme de corbeille. Calcaire.

359 Tête de femme laurée. Calcaire.

360 Trois têtes de femmes à coiffures variées. Calcaire.

361 Grande tête de femme diadémée d'ancien style. Terre cuite.

362 Autre, le diadème brisé. Terre cuite.

363 Enfant accroupi. Figurine.

364 Tête et épaule gauche d'une figurine de Vénus chypriote diadémée et parée d'un collier. Ancien style. Fragment en terre cuite.

365 Déesse de l'ancien style, assise sur un trône à escabeau, la main droite tenant une fleur. Terre cuite.

366 Joueuse de double flûte, la tête encapuchonnée. Figurine en terre cuite fixée sur un grand disque.

367 Cavalier de style phénicien.

368 Quatre chevaux du même style.

369 Déesse de l'ancien style, vêtue d'une tunique collante qui s'arrête aux genoux, les deux mains posées symétriquement sur les seins. Terre cuite.

370 Autre dans la même attitude, avec serre-tête, collier et deux larges rubans sortant de dessous le chiton. Terre cuite.

371 Figurine de déesse voilée et diadémée de l'ancien style, parée d'un collier ; le bras droit ramené sur la poitrine. Terre cuite.

372 Grande statuette de Diane drapée et parée d'un collier. A sa droite, un cerf debout ; la tête de la déesse manque. Trouvée dans les ruines d'un temple de Diane près de Famagusta, en 1882.

373 Tête de jeune déesse coiffée d'un kalathos énorme. Terre cuite.

374 Petit flacon en forme de gland. Très ancien style. Albâtre.

375 Moule à fondre des bijoux. Basalte.

376 Un plateau et deux cônes en pierre pour broyer des couleurs.

377 Moule de rosace. Pierre calcaire.

378 Gourde en forme d'anneau. Vase phénicien avec décors géométriques noirs.

379 Petit lécythe à panse aplatie ; même style.

380 Huit fusaïoles de formes et de matières variées.

381 Deux pointes de lance en bronze.

382 Verre à boire en pâte translucide.

383 Petit flacon ; goulot à rebord ; panse à quatre compressions.

384 Un grand nombre d'objets en pierre calcaire, de terres cuites fragmentées, de vases en poterie, etc.

SARCOPHAGES ÉGYPTIENS[1]

385 Cercueil à figure jaune, représentant une femme. La figure est assez belle, et si elle a été peinte en jaune, c'est que les Égyptiens consacraient cette couleur aux chairs des femmes, tandis qu'ils réservaient le rouge pour les chairs des hommes de leur race, nommée par eux la race rouge. Le nom est : la dame (neb-t-pa, « maîtresse de maison ») Isi-her-t (« calme d'Isis »), fille de Nes Min (« attaché à Min », le Pan

---

[1] Nous devons la description de ces boîtes de momies à l'obligeance de M. Revillout, conservateur du Louvre

des Grecs, nommé aussi Khem, fils lui-même d'Har (Horus ou peut-être Harmakhis). La mère d'Isi-her est Taset Min (la fille de Min ou Pan). Sur la poitrine de la momie, représentation du dieu Anubis accomplissant les cérémonies de l'ensevelissement sur la momie dont l'âme voltige au-dessus d'elle sous forme d'un épervier à face humaine. Sur les pieds on voit une belle représentation de la déesse Isi à chairs vertes, agenouillée entre deux chacals. La boîte de momie contient le corps très bien enveloppé de ses bandelettes et intact, ce qui est assez rare.

386 Sarcophage d'homme à face peinte en rouge. Le nom de cet homme est Mer Hor (qui aime le dieu Horus), fils de Petu Isi « le don d'Isis ». Sur la poitrine, représentation du prêtre de Memphis avec la peau de léopard, son insigne distinctif. Le prêtre en question récite devant Osiris l'office des funérailles, dont un rituel curieux a été dernièrement publié par M. Schiaparelli. La momie est aussi enfermée dans sa boîte autour de laquelle règne une inscription de beaux hiéroglyphes peints de diverses couleurs.

387 Boîte contenant également une momie. Le nom est Naet Reru ou Ru Ru, que nous trouvons très souvent en démotique à l'époque des contrats, mais qui est plus rare aux anciennes époques. Il n'y a sur le couvercle de la boîte aucune représentation figurée. La face de la momie est noire. C'était celle d'un homme auquel on avait mis, selon la coutume, une barbe postiche (comme dans le n° précédent), mais cette pièce rapportée a disparu.

388 Petite momie avec sa boîte. C'est la momie d'un enfant ou peut-être d'un nain, car il porte la barbe dans la représentation figurée de la boîte. Le nom est Pecho.

———— ✳ ———

www.ingramcontent.com/pod-product-compliance
Ingram Content Group UK Ltd.
Pitfield, Milton Keynes, MK11 3LW, UK
UKHW031718170726
13836UKWH00001B/314